I0424318

This Journal Belongs To:

____

www.ingramcontent.com/pod-product-compliance
Lightning Source LLC
Chambersburg PA
CBHW020322290526
45785CB00007B/2884

* 9 7 8 1 0 7 3 1 3 0 6 2 7 *